Effleurements

De rose et d'Éros

PRINCESSE ERO

Effleurements

De rose et d'Éros

POÉSIE

© 2022 Princesse Ero.

Édition : BoD – Books on Demand, info@bod.fr
Impression : BoD – Books on Demand, In de Tarpen 42,
Norderstedt (Allemagne)
Impression à la demande

Contact : princesseero@gmail.com
Instagram : @princesse_ero

Illustration : pixabay.com

ISBN : 978-2-3224-6373-2
Dépôt légal : Janvier 2023

Avant-propos

Bienvenue dans l'univers de *Princesse Ero*, parsemé de poésie romantique, sensuelle et érotique.

Ce personnage fantaisiste est tour à tour narrateur et acteur du récit, évoluant dans une dimension poétique onirique et fantasmée.

En tant que lecteur, vous serez son interlocuteur privilégié et serez même invité à partager ses plus brûlants désirs à travers le papier.

La première partie de ce recueil, *De rose*, réunit des textes romantiques voire lyriques avant de poursuivre avec *D'Éros*, qui en marquera la conclusion.

Je vous souhaite une jolie expérience sensuelle aux côtés de Princesse.

Nelly

Première partie

DE ROSE

Sous la robe du ciel et sa traîne d'argent
Nous marcherons encore comme de grands enfants
Et jouerons sous la pluie à souffler les nuages
Ils danseront pour nous dans l'azur, son sillage
Nous fermerons les yeux comme pour nous
[rappeler
Les parfums d'autrefois et nos premiers baisers

Amour

Agréable sensation que ce sentiment là
Mon bonheur s'envole vers le summum
Obsédantes pensées se crient en stéréo
Uni vers lui mon être éperdu
Rendu toujours à cette unique faim de plaisir

Apaisement

Le cœur chamade

Vive espérance

En coup d'amour

Comme une caresse

Apaisement

Envole-moi

Multicolores

Petites graines

Sur les couplets

De cette absence

Des mots pour toi

De mille chagrins

Cœur vagabond

Triste sourire

Dans mon sommeil

Espoirs féconds

Et le réveil

Toujours soupire

Dans les draps froids

De ton absence

Captif

Aimez-vous mon cœur endormi et plaintif ?
Mélancolique et preuve d'une douce folie
Je ne puis me sauver de cet instant, captif
D'un horizon funeste qui doucement s'inscrit

Écoutez-moi, ma mie, vous chanter ma détresse
De n'être auprès de vous, contre vos lèvres douces
Mes pensées déclinent, raison de ma faiblesse
Quand mes yeux se souviennent votre belle
[frimousse

Parlez-moi je vous prie, dites-le moi encore
Que je provoque en vous ce bien joli transport
Quand sous mes doigts les frissons vous emportent

Dans les étoiles ou l'océan qu'importe
En ce voyage qui doucement vous mène
Vers notre amour, pour une issue certaine

C'était beau

J'ai tutoyé les étoiles
Dans mes rêves de toi
Et ta peau et ta bouche
Et tes lèvres piquantes
C'était beau c'était simple
Sans limites ni complexes
Sans ce vous juste toi
Et moi

Comme la nuit

Tel un philtre je t'envoûte
Pour dans ton lit déposer
Quelques étincelles contre ta peau
Et enfin je file au petit jour
Et disparais comme la nuit

Écrire

Écrire comme un élan vital
Un battement d'aile, battement de coeur
D'une plume au bout des doigts
L'urgence d'aimer les mots, les vers
Les pensées pures qui s'exposent
Sans mensonge, sans fioritures
Quand coule l'encre et s'impriment
L'ivresse des secrets, des vérités
L'amour d'un instant, d'une chose
Ou simplement cet élan amoureux
Celui que tu fais naître entre tes bras
L'horizon, le seul que j'entrevois
Celui de chaque jour et nuit
Qui me transporte tout là-haut
Au firmament de la plus belle poésie

Encrées

Dans la profondeur de la nuit
Fermant les yeux je ressens
Les brisures cristallines
D'une mélodie désaccordée
Partition de l'amour
Éprouvante langueur
Fausses notes égarées
Que je retiens ici et là
Pour les rassembler
Et les arranger
Dans une autre gamme
Alors que je m'enrêve
Posant ces mots de nous
Sur ce lit de proses
Dénotent rimes
Qui s'embrassent
À l'encre de chine
Et déshabillent
Leurs dessous-entendus

Dans une fine dentelle
Qui s'embrase
D'un baiser vaporeux
Au milieu des violons
Dans l'étincelle
De ce vieux piano

Enlacements

Enlacements de nous dans une union céleste
Ils me rendaient chamade, ils me donnaient des
[ailes
Depuis l'heure du réveil à celui du coucher
Ils soufflaient la vie sur les miettes de moi
Comme pour me rappeler que je suis belle pour toi
Sans me lasser et qu'importe l'humeur
J'ai croqué leur chair et même goûté leur suc,
Enivrantes saveurs, accords en harmonie
Ils me volaient mes peurs à la force d'émois
Ils étaient hors du temps, ils étaient renaissants
En douceurs imparfaites et parfums inventés
Ils étaient délicieux, ils étaient délicats
Ils sont inoubliables nos baisers d'autrefois
Ces je t'aime murmurés de tes mains à mon cœur
Simplement caressés d'un en corps à mon âme

Espoir

Mon cœur éclate

À la seule pensée

Que tu en aimes une autre

Que tes yeux se détournent

D'une chance de nous

Dans mes rêves

Où les miens ne savent

Où les miens ne voient

Plus que toi, plus que joie

De tes mots, de tes rires,

De ta bouche, de tes lèvres,

De tes vœux, de tes rêves

Et l'espoir d'un amour entre nous

Il y a

Il y a des histoires à dormir debout
Du bleu, du vert, du gris aussi
Il y a mon cœur gros qui te réclame
Pour le meilleur et pour le pire
Il y a l'amour, le bonheur et toi
Il y a ton sourire, il y a tes yeux
Il y a ta voix il y a ta peau
Il y a, il y a tant de choses à dire
Tant de choses à lire à écrire
Je ne sais plus comment m'y prendre
Quand je respire ta présence
Il n'y a plus que toi et moi
Mes mots s'échappent
Mon cœur s'emballe
Fibrillation d'un alphabet
Il n'y a plus d'heures, plus d'espace
Plus d'impossible, plus d'hier
Alors ici et là je veux te dire
Avec les yeux et mon sourire
Tous les frissons qui me parcourent
Et tous les rires qui me transportent

Toutes les frontières qui s'effondrent
Quand tu chuchotes à mon oreille
Ces mots-tendresse, ces mots-bijoux
Qui s'épanouissent auprès des miens
Dans la prairie de nos chansons
De notre amour, de nos poèmes

J'aimerais

J'aimerais montrer
Ce drapé de proses
Entre mots coquins
Et les vers chagrins
De mon cœur morose
J'aimerais couler
Mon âme abîmée
Dans cet écrin bleu
Qui m'appelle loin
La faire voyager
Au creux des abysses
Éprouver l'enfer
De ce quotidien
J'aimerais voler
Vers le paradis
Qui me tend les bras
Et panser les plaies
De mon cœur blessé
J'aimerais j'aimerais
Pour toujours ma plume

J'aimerais j'aimerais
Ces mots qui l'habillent
Ces proses velours

Je crie

Est-ce l'attente d'un jour meilleur
Qui me rend silencieuse ?
J'observe et regarde les autres
Dans l'infortune quotidienne.
Certains s'y perdent
Quand d'autres écoutent.
Ils écoutent la vie, leurs rêves,
Leur passé, les leçons
Qui les ont traversés.
Et je suis là auprès d'eux.
Fermement pensive
Maladroitement vivante
Je crie.
Je crie la puissance de mes maux.
La sagesse qu'ils m'ont enseignée.
En silence je dis
Mes humbles espérances
Mes désirs, ma foi, la beauté,
Dissipés sous mes yeux attendris
Épuisés de ne faire qu'écrire.

J'écris

J'écris ces mots-tendresse
Pour réchauffer ton coeur
Plusieurs lectures tu en feras
Tu en prendras ce que tu veux
Reflets de proses tu y verras
Selon l'humeur qui te parcourt
Monochromies à déchiffrer
D'un alphabet multicolore
Parsemé de ma plume amoureuse
Avec toujours ce voile de sensualité
Élixir d'une poésie enchantée
Pour te conduire avec moi
Dans ce pays merveilleux
Mon royaume de Princesse

Je t'offrirai

Je t'offrirai
Le sourire en grand
De mes lèvres carmin
Et ma main dans la tienne
Au premier rendez-vous
Tu me feras la cour
Tu te feras charmant
Je te ferai l'amour
En proses récitées
De ma plus belle voix
Je t'offrirai ma bouche
Je t'offrirai mes yeux
Et mes plus beaux regards
Ma voix sera murmure
Douce et envoûtante
T'embrassant dans le noir
Soupirant des histoires
Qui n'en finissent pas

Te racontant mes rêves
Et mille aventures
Où nous marcherions tous deux
Comme deux amoureux

La poésie

Sonne résonne
La poésie
Coeur alphabet
Dans mes entrailles
De mot en mot
Pulsent les lettres
S'échappent filent
Ces belles proses
Dans les étoiles
Volent et s'envolent
Rimes émois
Libres chansons
En feux de joie
Larmes émaux
Foules et toiles
Et mille cieux
S'en vont s'en viennent
Et se souviennent

Depuis la terre
En voûtes l'une
D'or et lumières
Charmantes lèvres
Bijoux de lune
Qui s'éparpillent
Sous mon regard
Hypnotisé

Le poète

Tel épris qui croyait prendre
Son coeur à lui à moi me parle
Il dessine le beau de tous les paysages
Poésies émaux de sa plume élégante
Quand de ses doigts il perd ses vers
Trempés dans l'eau de chaque rivière
Signe et contemple dame nature
Il nous embarque à l'horizon
Du voyage de ses pensées

Ma plume

Je me perds dans mes proses
Mes mots se mêlent et s'emprosent
Je ne vois plus dans mes rimes
Que la douleur et la peur qui m'abiment

De ma plume je rature les guerres
La colère et les ravages de la terre
J'écris le soleil et la magnificence
Je crie l'amour et la résilience

Je me perds dans mes proses
Dans ce jardin aux mots roses
Je n'ai plus que mes rimes
Au bonheur qui m'arriment

De ma plume je dessine le beau
Plongée dans de nouveaux tableaux
D'aventures perpétuelles et magiques
Où le monde apparaît magnifique

Mot à maux

Pourquoi

Quand ils se pensent

Me lancent-t-ils

Tous ces accents

Quand ils se tirent

S'invitent-ils

Hors de mes sens

Ils se mélangent

Se chantent et viennent

D'une invention

Ou de ma bouche

Ou de mes mains

Soit ils se couchent

Et se raturent

Soit ils se mouchent

Dans l'écriture

Ce sont mes mots

Petits joyaux

Qui capricieux

Se couchent tôt

Dans le désert
Ou disparaissent
Dans les eaux troubles
D'une cascade

Promesse

Remémorons-nous ces je t'aime
Ceux d'hier timides et grandissants
Laisse-moi te le dire aujourd'hui
Pesant mes mots droit dans les yeux
T'assurant ma loyauté et ma fidélité
Mon voeu le plus cher à présent
Marcher avec toi ta main dans la mienne
À chaque heure de ma vie et jusqu'à mon ultime
                                              [soupir.

Reliques

J'ai construit ce palais de glace
De mes larmes, pluies de mon cœur
On y trouve des trésors et des statues
Des soleils oubliés et des lunes éteintes
Reliques du passé fastueux
De cette somptueuse citadelle
L'odeur de l'amour y règne encore
Dans les chambres d'enfants désormais vides
Un cheval à bascule, un pantin abîmé
Ont souffert de l'absence des petites mains
Je continue et je m'enfonce
Dans le silence de ce glacier
La porte des rêves de ma chambre
Est verrouillée à double tours
J'y entends les cris et les blessures
Qui s'étouffent et disparaissent
Et dans cette soirée en solitaire
Le sommeil m'emporte une dernière fois
Dans une langueur immortelle

Résilience

Cette page noircie
Est déjà la dernière
Cette histoire a-t-elle un sens ?
À l'endroit à l'envers
En filigrane entre les lignes
Tu es bien là
L'amour qui m'a sauvée
Ces vers, ces proses
Ces rimes embrassées
Défibrillateur de mon coeur
Et ma douleur
Sculpteur de mes valeurs
Et ma douceur
Beauté magique
Ma muse, mon étoile
La partition de ma guérison
Le chemin de ma résilience
Musique de ma poésie

Rosée

Givre et rosée
s'invitent ce matin
le soleil se lève

s'élève, m'enlève
de mes rêves m'envole

Si j'étais…

Si j'étais le soleil
Je déposerais sur toi
Chacun de mes rayons
Pour réchauffer ton cœur

Si j'étais le bonheur
Je m'inviterais chaque heure
Te comblerais de joie
Et te ferais sourire

Si j'étais l'amour
Je ne voudrais que toi
Tes rires et ta tendresse
Ta douceur et tes mots

Je prendrais tout de toi
Ma muse mon inspiration
Ma faiblesse c'est toi
Ma plus belle passion

Sur le fil

Telle une funambule
Sur le fil de mes nuits
À haute altitude
Je me berce
Épanouis mes rêves
D'un mouvement perpétuel
Qui s'articule autour
De l'impalpable univers
Tout en poésie
Assourdissante mélodie
D'une prophétie
Qui s'écrit chaque nuit
Comme pour calmer
Le feu qui fait rage
Dans les étoiles

Surréalité

Quand l'autrement

Disparais-je

Vers ces unis vers

Paradigmes de pensée

Alternatifs

Poétiques

Ou cyniques ?

Je m'exaspère

En controverses

Jeux macabres

Qui n'existent

Qu'entre les lignes

Et sur mes mains

De sang

Et d'encre

Et de vie

Ou d'espoirs

Tout en noir

Un soir d'été

C'était un soir d'été
Je l'ai entendue
Ses paroles dansaient
Chantaient par-delà les étoiles
C'était un doux murmure
Il n'y avait plus de mots
Juste une caressante mélodie
Dans les cieux cotonneux
Qui dessinaient pour moi
Ses lèvres et son sourire
Ses yeux et son regard
Il n'y avait plus de temps
Juste un moment de grâce
Sa silhouette élégante
Tout mon être bercé
Et mon âme conquise
Le cœur entre ses mains
Mon être près du sien

Deuxième partie

D'ÉROS

Ose ce petit jeu fabuleux
À la lueur de nos douces prOses
ExpOse mot à mot tes envies
Cet aveu dans mes pensées tu dépOses
VirtuOses amants passionnés
D'un désir qui se superpOse
MétamorphOses d'une chrysalide-plaisir
Découverte en sensuelle symbiOse
ExplOse mes folies passagères
Jusqu'à frôler l'overdOse
ApothéOse en lèvres éclOses

Abracadabra

Étudiant ce Kamasutra
Cet hymne à l'amour sanskrit
Corps à corps en harmonie

J'ai prononcé cet abracadabra
L'appelant lui dans un cri
Jusqu'à cette anaphylaxie

Et quand j'ai trouvé le mantra
Une apparition dans ma vie
A heurté mes heures et ma poésie

Je suis tombée dans ses bras
Comme une diva alanguie
Je n'avais qu'une envie

Des va-et-vient dans mes draps
Ces pénétrations infinies
Sous l'oeil complice de la nuit

Arithmétique

Je te souffle cette équation
Somme de bonheurs
Jolie parenthèse
Divisant mes peines

Me laissant bercer
Par tes douces paroles
Et tes divines caresses
Brillamment additionnées
Sans aucune retenue

Ne nous soustrayons pas
À cette envie d'assouvir
Ce désir grandissant et multiplié
Pour enfin nous livrer
À un plaisir total oubliant tout calcul

Au-delà

En incertitude et au-dessus
Ciel-attitude en horizon
S'éveillent mes pensées
En sphère et eau
D'heures à la foi d'éternité
Tant que s'étreignent lendemains
À mes côtés au demeurant
Se porte en moi passionnément
L'assurance enflammée
Saisissante et vivante
De notre amour
Qui s'envole
Qui s'emporte
Bien au-delà
En sphère et eau
D'heures à la foi d'éternité
Au séant qui m'assiège
En des seins éperdus
Quand je m'endors
Dans tes bras étendus

Clair-obscur

Dans ces jeux en clair-obscur
J'avance vers l'inconnu

Juste en devinant
Le trouble de ses gestes
Et ses yeux sur moi

Au milieu des bulles
Sa peau brillait dans le noir
Et ses lèvres d'or

Se sont doucement fermées
Sur ma sensualité

Conquise

Corps profané

Le cœur blindé

Il s'est assis

Dans mes pensées

Le temps usé

Peau réchauffée

Il est entré

M'a visitée

Moi suspendue

L'âme enlacée

Langue éperdue

Je perds mes vers

Ou persévère

Et contre lui

Parfait émoi

Tendre bâillon

Entre mes lèvres

Mon univers

Tout troublé

A explosé

D'une défaillance
Multicolore
À son contact
Tact il avait
Et de sa bouche
M'a conquise

Dans la nuit

Dans la fadeur de la nuit
Et qui s'inscrit sans bruit
Minuit

Céleste dimension
Discrète confusion
L'envie

Me prend, se pose et m'envahit
Me brûle, s'impose et m'éconduit
Le vide

Me blesse, s'expose et se déploie
Me brise, m'accable et me foudroie
L'absence

De tes mains, de tes doigts
De tes cris, de ta voix
Et ton coeur, ton émoi

Désir

Dans le solstice du désir
en floraison et sens ciel

jouent et coulissent
sur ma peau tes caresses
brûlantes morsures

Dessus-dessous

Sans dessus dessous
me noyer dans tes yeux ~
le tête à l'envers

jusqu'à demain matin
répondre à tes avances

Divine

Divine et sensuelle
Balade sur ma peau
De ses mains qui appellent
Paradis idéaux

Elle est celle qui attend
Délice et osé
D'un toucher saisissant
Sur ses lèvres rosées

En accords entendus
Demandés et des faits
En des corps étendus
De mille et un méfaits

Intimidants désordres
S'acoquinent et s'enchantent
Dans les draps sous les ordres
De ma belle assaillante

Émoi

J'étais là t'étais toi
Émoi et toi
Dans cette chambre
Ensemble
Mes tétons
Qui se dressent
Contre toi
Tu ériges
Ton sourire
Tes soupirs
Je m'étire
Sans mots dire
Je déroge
À ta règle
Tu m'inspires
Je t'aspire
Tu susurres
Je t'assure
En poèmes
Mots de là

Je m'exile
Tu exhales
Dans un râle
Tu me cries
Je l'écris
Ce désir
Cet empire
Et en phase
Se réjouir
En finir
Et s'offrir

Envol

Une envie d'envol

Braquage de mon corps

Dans des draps de soie

Avoir le beau rôle

De ma vie Princesse

Dans une jolie robe

Et me sentir belle

Sous son regard d'or

Être sienne pour une fois

Après minuit dans ses bras

Rester encore jusqu'au matin

Me réveiller dans ce lit

Vide de lui de nous

Et partir en guenilles

À travers mes larmes

Et mes talons de verre

Hors du temps

Prolonger ce moment
En cet instant grivois
Voler secrètement
Des captures de toi

Contempler ton corps nu
Si vite recouvert
Comme un simple aperçu
Dont je suis coutumière

Hors du temps me prélasser
Tout contre toi m'abandonner
Livrer ma force et ma pudeur
À tes bras protecteurs

Trouver enfin cette liberté
Savourer cette légèreté
Avant de ressentir le froid
Quand tu pars loin de moi

Impossible

En corps éteint
Étreint d'un rien
Jusqu'à hier
Bien à l'envers
Ivre du temps
Regard fuyant
J'ai caressé
La vérité
Et raturé
L'obscurité
De mes efforts
De mes remords
Belle ironie
Mon cher ami
Ce coup du sort
Petite mort
Simple caprice
Ô quel supplice

D'avoir aimé
D'avoir rêvé
À l'impossible
Inaccessible

Ivre de toi

Les idées folles
Le cœur en vrac
Arrête-moi
Embrasse-moi
Pulsion d'amour
Qui s'invite
Au creux du cou
Baiser tendresse
Réconfortant
Les yeux brillants
Le cœur coulant
Tu me remplis
D'une dose de toi
Un rail d'amour
Caresse-ivresse
À mon cœur froid
Je sens doucement
Se rallumer
La flamme de vivre
Dans ma poitrine

Les battements
Assourdissent
Le monde autour
Je ne vois plus...
Que toi

Je m'évapore

Mes idées sages
Mes idées chastes
Je les enchante
Et les éprouve
Je les épreuve
Et les balance
Et moi je danse
Et je t'épuise
Jusqu'à demain
Il n'y a pas d'heure
Ni le jour ni la nuit
N'existent plus
Juste ma bouche
Mes douces lèvres
J'ouvre les yeux
Dans ce lit vide
Et puis je crève
Et m'évanouis
Et tu es là
Oui bien ici

Et toi en moi
Je t'engloutis
Tu me dévores
Je m'évapore
Je te divine
Tu me devines
Je suis partie
J'ai disparu
Poudre de fée
Par la fenêtre

Je t'aime

Que je t'aime quand, au large m'épousent
Douceur infinie, et froideur, et langueur
Me berçant de tristesse que d'aucun ne jalouse
Caressantes complaintes sur mes joues, sous ma
[blouse
Tu t'étires, m'envahis et embrasses mes pleurs

Tu me goûtes, tu m'envoutes et envoles
Mes silences, l'horizon, tout s'effondre
Il n'y a plus que toi, les embruns, leurs alcools
Enivrants, pétillants, qui m'appellent, me consolent
Je m'endors contre toi, comme pour mieux me
[morfondre

Et je t'aime et je t'aime, je le dis pour toujours
Tu es l'eau, tu es l'air et mon monde, mes espoirs
Tu es là et ici, et ma terre, mon amour,
Les étoiles et la nuit, l'océan, chaque jour,
Tu es lumière et consolation de mes tristesses, mes
[gloires

L'oubli

S'est-il passé des heures ou des jours
Avant que tu n'oublies...
La saveur de ma peau
Les caresses de mes doigts
Mes doutes, mes peines
Nos secrets, nos émois
Ma main dans la tienne
Nos yeux dans les yeux
Mon coeur dans ta main
La chaleur du matin
Ton corps sur le mien
Quand n'existaient ni le temps
Ni la peur, ni la mort
Seulement nous
Ton sourire
Et ce qui ressemblait
À une éternité
Ensemble

Muse

Mystère dominant se devine et s'immisce
Usurpant vingt mille lieues sous l'amour
S'invite jusqu'à l'aube, se tire et s'étire
En de vastes pensées toujours indélébiles

Mutine

Coquine mutine jusqu'au bout des ongles
Sous mes ordres tu bascules
Viens caresser tes perversions
Nu à mes pieds dans la soumission
Vénère mon corps de madone
Ma peau diaphane qui t'appelle
Sous ce nylon secrètement
Sensuelle sexuelle invitation
Terrain de jeu de tes fantasmes

Paradoxes

Semez la glace
Sur leur corps amer
Et la mer et les cœurs
S'en viendront encore

Réveil

Rituel du matin et motion virtuelle
Espérer tes mains sur ces bouts de chair
Vivante et pure, audacieuse expérience
Electrique et vive, renversante variance
Iles et juste assouvies et criantes
Les chemins de mon il au trésor

Son charme

Ô soupirs de ma belle
De ses lèvres rebelles
Ont troublé mon voyage
D'une erreur d'aiguillage

Tout en formes et rondeurs
Tout en courbes et splendeur
De ses lèvres frôlées
Mes pensées excitées

Je me noie je m'envole
Je la vois je m'affole
Suis-je là ou ailleurs

Tout au fond de son cœur
Ou épousant ses larmes
Ses blessures et son charme

Sonnet érotique

Viens là que j'te croque
Quand nos cuisses
Glissent et coulissent
Se caressent, s'entrechoquent

Approche que j'te claque
Va-et-vient sensations
Vibrations, connexion
De moments insomniaques

Dis-le moi ton désir
Offre-moi tes soupirs
Jusqu'au bout de la nuit

Dis-le moi sans rougir
Offre-moi ton plaisir
Ô démon de minuit

Unis sons

Nos désirs
Nos soupirs
Qui se jouent
Peu ou prou
De nos mots
Ce chaos
Tu me dis
Tes envies
De ma bouche
Qui te touche
De tes doigts
Une fois
Tu t'enflammes
Fais tes gammes
En solo
Comme accro
Nulle trêve
Dans tes rêves
Tu m'invites
Et palpites

En musique
Anarchiques
Mouvements
Et timides et brûlants
Tu es là
Juste là
Près de moi
Cette fois
Je t'embrasse
Tout s'efface
Envoûtés
Et charmés
On se perd
D'unis vers
D'unis sons
Goût passion

Volutes poétiques

Je l'aime haut et fort
Et je le clame dans ce décor
Ce phrasé impétueux
Faits de mots délictueux
Il est moi et je suis lui
Donne sens à ma vie
Quelque chose à dire
Des éclats de lire
En toute élégance
Comme un pas de danse
Et quand le jour je doute
La nuit je me shoote
Un rail de verbe
Nouveau proverbe
Volutes poétiques
Musique magnétique
En une seconde je plane
Pensées deltaplane

Moment érotique
Solo fantasmatique
Et je m'endors
Dans ce décor

Cette passion qui décolle
Dans l'ombre d'une parole
M'enflamme, me brûle
Éclate ma bulle
Dans un vertige
À haute voltige
Mes mots s'emprosent
La vie en rose
Dans ce décor
D'encre multicolore
D'un désir d'encore
De ceux qui dévorent
Ses paroles, son refrain
Ses caresses, ses mains
Je crois que je l'aime
Dans tous mes poèmes

À propos de l'auteure

Nelly C., de son nom de plume ***Princesse Ero***, est née dans les Landes en 1990.
Attirée depuis très jeune par la chanson et la poésie, elle rédige ses premiers textes à l'adolescence et nourrit le rêve d'écrire un livre.
Malgré cette passion très forte, elle s'éloigne de ses ambitions littéraires et se destine à une carrière dans le domaine médical. C'est en 2020 que ce projet resurgit lorsqu'elle poste ses écrits sur Instagram (@princesse_ero) et est encouragée à aller au bout de son rêve.

« Je cherche souvent à rattacher une dimension poétique à ce que je vis, comme un défi quotidien, pour rendre les choses plus belles ou pour surmonter les difficultés.
Merci à vous pour votre soutien à travers ce livre. »

Table des matières

Avant-propos

1

Première partie

9

Amour

12

Apaisement

13

Captif

14

C'était beau

15

Comme la nuit

16

Écrire

17

Encrées

18

Enlacements

20

Espoir — *21*

Il y a — *22*

J'aimerais — *24*

Je crie — *26*

J'écris — *27*

Je t'offrirai — *28*

La poésie — *30*

Le poète — *32*

Ma plume — *33*

Mot à maux — *34*

Promesse

36

Reliques

37

Résilience

38

Rosée

39

Si j'étais…

40

Sur le fil

41

Surréalité

42

Un soir d'été

43

Deuxième partie

45

Abracadabra

48

Arithmétique … 49

Au-delà … 50

Clair-obscur … 51

Conquise … 52

Dans la nuit … 54

Désir … 55

Dessus-dessous … 56

Divine … 57

Émoi … 58

Envol … 60

Hors du temps … 61

Impossible … 62

Ivre de toi … 64

Je m'évapore … 66

Je t'aime … 68

L'oubli … 69

Muse … 70

Mutine … 71

Paradoxes … 72

Réveil … 73

Son charme 74

Sonnet érotique 75

Unis sons 76

Volutes poétiques 78